Deserto

Deserto Lugar de cura e restauração
1ª edição: 2021
Regi Cláudia Rezende
Mineiros, Goiás – 2021

Edição e Revisão:
Suellen Duarte Costa
Coordenação editorial:
Nilce Sousa
Capa:
Marcelo Sazo
Projeto Gráfico e Diagramação:
Marcus Vinicius P. de A. Goes

Organização:
Cevi Produções / CNPJ 07.856.521/0001-94
ceviproducoes@gmail.com

R467d Rezende, Regi Cláudia Martins
        Deserto : um lugar de cura e de restauração / Regi Cláudia
Rezende;
    edição e revisão: Suellen Duarte Costa; coordenação editorial: Nilce
    Sousa. – 1. ed. – Caldas Novas-GO : CEVI, 2021.
    104 p. ; 14 x 21 cm.

    ISBN: 978-65-5642-068-4

    1. Aprendizado. 2. Conhecimento. 3. Crescimento Espiritual.
    4. Tempo. 5. Maturidade. 6. Conquista. I. Sousa, Nilce. II. Título.

                                   CDU: 248

Catalogação na publicação por: Onélia Silva Guimarães CRB-14/071

Sobre a Autora

Regi Cláudia Martins Rezende é brasileira, solteira, escritora, natural da cidade de Mineiros – Goiás, Brasil. Mãe de João Pedro, pastora da Igreja de Deus no Brasil na cidade de Chapadão do Céu, Goiás - Brasil.

Dedicatória

Dedico a cada pessoa que Deus tem levado a viver seu deserto pessoal para lhe ensinar.

Dedico a todos que tem vencido suas lutas diárias dentro dos ministérios e tem perseverado em fé, amor e reconciliação.

Dedico a você meu leitor em agradecimento por ter adquirido este livro, desejo que ele possa ser útil na sua caminhada diária e cristã.

Agradecimento

Agradeço a minha mãe Sebastiana, pelo privilégio de ter me dado a vida, uma pessoa tão especial para mim.

Agradeço a minha pastora Elaine, por acreditar e investir em mim, por ser minha incentivadora e por estar ao meu lado na hora das lutas.

Agradeço a Nilce Sousa, por não desistir comigo deste sonho, por ser um exemplo na área literária para mim.

Agradeço a minha amiga Maria Abadia e ao Centro de Evangelismo – CE, por caminharem sempre comigo o caminho da fé, do amor e da esperança.

E não poderia deixar de agradecer ao Espírito Santo por me chamar, capacitar nesse projeto literário, valeu por cada palavra, orientação e exortação nessa jornada da fé cristã.

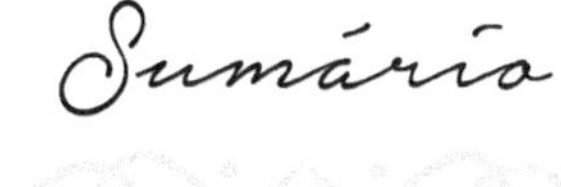

Sumário

Introdução

Quando ouvimos a palavra deserto logo somos remetidos a um lugar muito difícil, uma paisagem monótona, onde nada pode ser encontrado senão areia e sol causticante, mas você já parou para pensar que o deserto pode se transformar em um lugar frutífero?

Talvez no deserto natural haja pouca vida, mas quando nos deparamos com nossos desertos pessoais, sejam eles aqueles para os quais Deus nos conduz ou sejam os que nos metemos por más decisões, podemos fazer deles lugares de abundância.

Certa vez, li como a nação de Israel fez de uma terra seca um lugar de fartura, com a utilização das técnicas corretas e com o uso integral dos poucos recursos hídricos disponíveis, conseguiram transformar a terra seca em uma verdadeira potência agrícola.

Nós cristãos conhecemos bem essa noção de deserto, mas aproveitamos pouco dos seus benefícios. O deserto é sinônimo de oportunidade, pois se não desperdiçarmos os recursos disponíveis, ainda que poucos, veremos florescer a vida, dentre seus frutos mais desejáveis estão a cura e a restauração, mas posso listar outros tantos.

Aqui desejo contar-lhes sobre os períodos de deserto que enfrentei durante minha caminhada, desertos que com sua dureza, mas também provisão, fizeram de mim quem hoje sou. Seja bem-vindo a entrar nos meus desertos e esteja à vontade para identificar-se e permitir que Deus faça de seus desertos mananciais de vida.

"Abrirei rios em lugares altos e fontes, no meio dos vales; tornarei o deserto em tanques de águas e a terra seca, em mananciais."

Isaías 41:18

CAPÍTULO 01

Tempo de deserto

...deserto é lugar de passagem, lugar de aprendizado, mas também é lugar de milagres

Para nós cristãos, deserto é lugar de passagem, lugar de aprendizado, mas também é lugar de milagres, é no deserto que passamos a depender totalmente de Deus. Foi passando por um deserto que eu senti a manifestação e o poder de Deus na minha vida. No deserto eu estive face a face com Deus, foi lá que aprendi a glorificar a Deus diante de qualquer adversidade, para hoje poder dizer como Paulo:

"Sei viver tanto em tempo de fartura, como também sei viver em tempo de escassez."

Filipenses 4:12

Quando temos um chamado específico, não há como fugir dele, pois de algum jeito Deus vai nos trazer para o propósito que Ele estabeleceu para nós. A verdade é que nós escolhemos se vamos pela dor ou pelo amor, mas de todo jeito nós precisamos ir. Eu infelizmente escolhi ir pela dor.

Sabemos que todo crescimento, toda transformação de vida, gera dor

Sabemos que todo crescimento, toda transformação de vida, gera dor. Decidir crescer e encarar o novo, é uma escolha que nos tira da zona de conforto, incomoda, reorganiza e principalmente dói. Alguém disse "mudar dói, permanecer como está dói também", então precisamos escolher a que dor estamos dispostos a nos submeter e avançar, pois depende de nós como enfrentaremos essa dor.

O local onde mais somos expostos a dor é no deserto, é ali onde nossas mazelas são expostas e nosso ser é posto à prova, mas o deserto não dura para sempre, ele precisa ser enfrentado pelo cristão como um lugar de passagem, de aprendizado. Quando conhecemos ao Deus a quem servimos, nos daremos conta que apenas Ele é eterno, todo o demais é passageiro.

...o deserto não seja eterno, a sua duração em nossas vidas tem muito a ver com o quanto estamos dispostos a obedecer

No entanto, precisamos entender que embora o deserto não seja eterno, a sua duração em nossas vidas tem muito a ver com o quanto estamos dispostos a obedecer, a renunciar, a ser transformados pelo poder do Espírito Santo. Quando nós pensamos sobre isso e tomamos a decisão, tudo fica mais fácil. É uma decisão que começa em nós, mas que conta com a ajuda divina para que possamos mantê-la. Quando decidimos andar com Ele no deserto, seu poder entra em ação.

"E disse-me: A minha graça te basta, porque o meu poder se aperfeiçoa na fraqueza."

2 Coríntios 12:9a

É mediante nossa decisão de passar nosso deserto com Ele e se submeter a todos os processos necessários que fará com que Seu poder se aperfeiçoe em nós e que sejamos fortes, ainda que fracos.

...nosso chamado é a maior força para enfrentar o deserto

Também é importante sabermos que nosso chamado é a maior força para enfrentar o deserto. Quando estamos dentro do propósito de Deus o fardo fica mais leve, o medo e a angústia desaparecem, pois apesar de tudo há um porquê, uma razão maior que supera as dificuldades.

Só pode estar em paz no deserto quem de fato conhece a Deus, quem sabe que pode confiar e descansar Nele a despeito de qualquer situação. A Bíblia nos mostra a única forma de alcançar esse coração livre do medo:

> *"No amor não há temor, antes o perfeito amor lança fora o temor."*
>
> *1 João 4:18*

A DECISÃO

O agir e o efetuar é de Deus, cabendo a nós apenas dar o primeiro passo, que é o de aceitar o nosso chamado. Todos são chamados e poucos são escolhidos. Eu decidi ser uma escolhida.

"Porque muitos são chamados, mas poucos escolhidos."

Mateus 22:14

A decisão de querer ir mais além, de viver o sobrenatural de Deus é nossa

A decisão de querer ir mais além, de viver o sobrenatural de Deus é nossa. Nós é que vamos optar por permitir que Ele trabalhe em nós e por nosso intermédio. Na minha vida essa não foi uma decisão fácil, pois até que eu decidisse foram muitas lutas, tantos desencontros, mas quando finalmente me rendi pude ver a ação dele em mim e através da minha vida.

Pelo poder do Espírito Santo muitas vidas seriam ganhas para o Reino de Deus, simplesmente porque alguém imperfeito, mas sedento resolveu se render. Deus nos chama todos os dias, bastando a nós apenas sermos sensíveis a ouvir a sua voz e decidir obedecer. Veja o que a Bíblia nos diz sobre sermos chamados por Ele:

"E ele mesmo deu uns para apóstolos, e outros para profetas, e outros para evangelistas, e outros para pastores e mestres."

Efésios 4:11

A vocação ou chamado é uma escolha de Deus. Ele chama cada um conforme a Sua vontade, cabendo a nós trilharmos um caminho de fé e obediência. Eu sempre soube do meu chamado de evangelista da Casa de Deus, no entanto, eu não estava disposta a obedecer, muito menos a renunciar para viver esse chamado, fui movida a escolhas erradas e por intervenção divina fui trilhando um caminho de dor, rejeição e longe de Sua presença.

Precisamos entender que Deus tem o poder absoluto sobre todas as coisas, tem o poder de fazer-nos ou não passar por certas situações durante a jornada da vida. Mas em tudo Ele sempre está disposto a nos trazer para o propósito Dele. Deus sonha os nossos sonhos, mas primeiro temos que aprender a sonhar os sonhos Dele.

VOCAÇÃO

Desde criança eu sempre tive um amor por vidas, pelas pessoas, possuía uma generosidade intrínseca e um senso de servilismo. Eu sempre fui serva, só que primeiro eu era serva de pessoas, eu obedecia ao homem, depois a Deus. Digo isso pois obedecer ao homem era mais fácil, não era necessário renunciar ao velho homem. Por isso, eu colocava as pessoas em primeiro lugar na minha vida e depois Deus.

Meu coração sempre queimou por vidas, as servia de coração

Quando eu era criança minha família achava que eu era sonsa, boba mesmo, por ser tão boazinha. Eles achavam que eu era muito ingênua, pelo contrário, eu tinha uma sensibilidade de saber quem eram as pessoas e suas intenções, eu apenas não deixava de amá-las, sempre tentava justificar o motivo delas serem assim. Meu coração sempre queimou por vidas, as servia de coração e ofertava muito em suas vidas, até demais.

Eu não sabia o que era ter equilíbrio sobre as coisas, sobre mim, sobre as pessoas. Tinha uma obrigação desenfreada de agradar a todos. E isso era desgastante, mas não sabia ser diferente. Eu sempre fui rodeada de amigos, mesmo assim eu tinha um vazio na alma, uma inquietação em meu coração. Com vinte dois anos terminei o ensino fundamental, pensei em ficar parada e prestar vestibular apenas no ano seguinte, pois nada me agradava, nenhum curso me interessava. Pensei que o melhor a fazer era avaliar e descobrir minha vocação.

Na expectativa das pessoas, eu logo entraria na faculdade, arrumaria uma pessoa proeminente, relevante e me casaria, tornando-me uma mulher bem-sucedida, uma mulher empreendedora, uma profissional de sucesso, uma boa esposa, uma boa mãe talvez. Esse é o desejo de todos e eu sabia que não tinha vindo ao mundo por acaso, mas que faria a diferença.

No entanto, não seria do jeito que as pessoas queriam que eu fosse ou viesse a fazer. Na cabeça das pessoas eu tinha tudo para ser bem-sucedida, pois me consideravam bonita, inteligente, carismática, qualidades que uma pessoa precisava para ter sucesso na vida, de acordo com os padrões e valores desse mundo.

O VAZIO DA ALMA

Nesse período conheci uma pessoa, que não tinha nada a ver com meus valores, era um relacionamento turbulento e destrutível. Mas a gente sempre acha que vai mudar alguém. Para preencher um vazio que eu carregava dentro de mim, havia muitos anos, eu achei que com esse relacionamento eu iria preencher esse buraco.

...só Ele em nós é capaz de mudar nosso caráter, nosso eu, e para isso temos de querer e tomar a decisão de ser transformados

Hoje eu falo, ninguém consegue mudar uma pessoa, a não ser a nós mesmos. Vou mais além, não é fácil ser moldado pelo Espírito Santo, só Ele em nós é capaz de mudar nosso caráter, nosso eu, e para isso temos de querer e tomar a decisão de ser transformados. Mas quando decidimos, o poder de Deus começa a operar e vemos as mudanças acontecendo.

Eu já estava casada há mais de dois anos e agora estava grávida de um menino, João Guilherme, mas aos cinco meses de gravidez perdi o meu bebê. Como não tinha nada que me prendesse a esse relacionamento, que com dois anos já estava desgastado, eu decidir separar e assim foi.

A verdade é que me casei porque eu tinha ficado com esse rapaz e na minha cabeça eu tinha que me casar, porque não era mais virgem. Hoje eu sei que, querer consertar um erro com outro erro é um desastre. A palavra do Senhor diz que "um abismo chama outro abismo" e realmente foi o que aconteceu. Veja o que diz o salmista:

"Um abismo chama outro abismo, ao ruído das tuas catadupas; todas as tuas ondas e as tuas vagas têm passado sobre mim."

Salmos 42:7

Claro que isso não serve de referência, porque muitos relacionamentos que começam mal acabam por dar certo, mas o meu foi um caso à parte. Me separei, resolvi ir trabalhar, já que até então nunca tinha trabalhado e após oito meses conheci outra pessoa. Como sempre aquele vazio, aquela carência que eu estava tentando suprir e o sentimento de solidão me consumiam.

Quando não curamos as feridas, nós as levamos para outros relacionamentos. Eu havia saído do casamento muito machucada, decepcionada, ferida e com aquele vazio dentro de mim ainda pior do que antes. Não sabia o porquê de sentir tanta solidão e frustração mesmo acompanhada por multidões.

...o Espírito Santo me mostrando que aquele lugar não era para mim e que aquela não era a vida que Ele havia planejado para eu viver

Eu sempre gostei muito de festas, aliás de dançar, quando ia a festas dançava até meus pés não aguentarem, mas quando voltava para casa sentia uma solidão tão grande, uma dor na alma, um vazio que nada era capaz de preencher. Na época não entendia, mas já era o Espírito Santo me mostrando que aquele lugar não era para mim e que aquela não era a vida que Ele havia planejado para eu viver.

Se na época eu soubesse do que sei hoje, muitas coisas não teriam acontecido em minha vida. Eu achava que todo o vazio que eu sentia era por falta de ter uma pessoa ao meu lado, por isso entrei em outro relacionamento. No entanto, mais tarde descobri que buscava em relacionamentos o que só Deus poderia me dar, por isso, mesmo acompanhada eu me sentia sozinha.

UMA CARGA DE FERIDAS

Percebo que na nossa trajetória de vida é necessário que passemos pelo luto da dor, da frustação, pois essas coisas estão ligadas ao nosso processo de cura, onde vamos descobrindo nossas fraquezas, nossas falhas, quem de fato somos e o que precisamos tirar ou acrescentar de nossas vidas e do nosso caráter.

Como já disse, iniciei um novo relacionamento, mas levei pra dentro dele toda a carga de frustação, dor e amargura que carregava e assim fui perdendo a minha essência, minha resiliência diante das adversidades, diante da vida. Vi morrendo dentro de mim a leveza e autenticidade com que sempre encarei a vida e me tornei uma pessoa ferida.

Sabemos que pessoas feridas ferem as outras e o alvo são sempre os mais próximos, que por vezes pagam por uma conta que nunca contraíram. Fui levando a vida com meus achismos, quereres e dores. Eu estava tão cansada de tudo, com tantos problemas internos que acabou por desencadear um consumismo por tudo, foi a maneira que eu encontrei para sentir um bem-estar momentâneo, um frenesi.

Pouco depois lá estava eu comprando novamente para preencher um vazio que nunca cessava.

Eu não entendia que estava doente e que quando eu comprava algo era uma felicidade passageira, momentânea e logo que ia embora eu acabava por dar o que comprei para outras pessoas, pois aquilo não me era mais aprazível e necessário, nunca havia sido. Pouco depois lá estava eu comprando novamente para preencher um vazio que nunca cessava.

Nessa época eu trabalhava em um hospital, permaneci nesse emprego por sete anos, mas queria tentar algo novo, queria fugir das pessoas e então resolvi morar na fazenda. Eu fui morar com a pessoa que eu estava havia pouco tempo, foram apenas dois meses e vimos que não dava mais. Ele veio para a cidade e eu fiquei na fazenda. Depois disso tentamos nos reaproximar e dar uma outra chance ao relacionamento, que terminou em uma grande decepção.

NO VALE DA DECISÃO

Depois de mais esse duro golpe, eu pela primeira vez resolvi buscar ajuda na Palavra de Deus. Abri minha Bíblia em Eclesiastes 1:15 e recebi do Senhor a resposta que eu precisava:

> *"Atentei para todas as obras que se fazem debaixo do sol, e eis que tudo era vaidade e aflição de espírito. Aquilo que é torto não se pode endireitar; aquilo que falta não se pode calcular."*
>
> *Eclesiastes 1:14-15*

As pessoas colocam Deus como uma pessoa muito distante, mas Ele é tão próximo

Essas palavras ficaram em minha mente durante toda a noite e no outro dia tomei a decisão de terminar com tudo e pela primeira vez senti o que é falar com Deus como filha e não como um Deus autoritário como o que eu conhecia até ali. As pessoas colocam Deus como uma pessoa muito distante, mas Ele é tão próximo, está ali tão presente em nossas vidas, apenas aguardando que chamemos por Ele.

A verdade é que nós não o não sentimos por causa do nosso orgulho, achismo, egoísmo, pecados e Ele, tão amável, tão doce e educado, espera que o convidemos para ser parte da nossa vida, nossa história, nossa casa, nossos relacionamentos. Ele quer tanto relacionar-se conosco, tal como um pai a seu filho, sempre pronto a nos confortar, confrontar, direcionar e aconselhar. Foi tremenda a sensação de falar com Deus e sentir que Ele estava ali para mim.

Permaneci morando na fazenda e depois de um ano conheci outra pessoa, como já era costume, entrei em mais um relacionamento destrutível, em busca de algo que só Deus poderia me dar por meio do seu Espírito Santo. Um dia tive um sonho lindo em que me vi no céu, um lugar tão lindo cuja beleza sequer consigo descrever, que sensação tão grandiosa e sobrenatural estar naquele lugar. Quando finalmente acordei sentia minha alma leve e um desejo imenso de obedecer a Deus. Aquele sonho despertou dentro de mim a vontade de ir morar no céu, o desejo de estar próxima a Jesus.

Naqueles dias percebi quantos obstáculos precisamos vencer se queremos ter uma vida pautada nos propósitos de Deus

Eu sempre achava muito difícil tomar essa decisão, eu até tentava, começava a trilhar um caminho com o Senhor, mas logo desistia, pois não buscava amparo na Palavra e na oração, sem essas coisas é impossível conseguir se firmar no caminho. O mundo nos oferece muitas coisas que agradam a nossa carne e as pessoas ao nosso redor têm um poder muito grande em nossas vidas, se permitirmos, somos paralisados por suas opiniões e achismos. Naqueles dias percebi quantos obstáculos precisamos vencer se queremos ter uma vida pautada nos propósitos de Deus.

INFLUENCIADOR X INFLUENCIADO

Na vida nós temos uma escolha, ou influenciamos ou somos influenciados. Um dia Deus falou comigo as seguintes palavras: *"Enquanto você não me obedecer e entrar no meu propósito sua vida não vai romper, mas primeiro você tem que passar por processos"*. Meu chamado era bem claro, específico e irrecusável. Eu ouvia a voz de Deus todos os dias que eu havia nascido para dar testemunho Dele às outras pessoas, mas por ter uma alma profundamente ferida eu duvidava de que Ele tivesse escolhido alguém como eu.

Certo dia, eu fiz um almoço na minha casa para alguns familiares, um deles levou um pastor de outra cidade para almoçar conosco. Quando esse homem já estava de saída ele me disse: *"Filha, não é por acaso que estou na sua casa. Você tem um chamado para ganhar almas para Jesus e você tem que aceitar"*, olhando para o meu filho disse também que aquela criança não veio por acaso e acrescentou: *"Você deve aceitar logo o seu chamado, obedecer a Deus e renunciar ao mundo. Porque de todo jeito você vai. Você decide se vai pelo amor ou pela dor. Não tem como ser diferente, Regi Cláudia"*.

Escutei tudo atentamente e não falei para ninguém que eu sabia o que aquele pastor estava me dizendo, como sempre me fiz de desentendida.

CAPÍTULO 02

Tempo de desespero

Deserto Lugar de cura e restauração

...a depressão começa pela falta de decisão, pois quando decidimos o que queremos, mesmo com as consequências, há paz

Passado algum tempo, entrei em uma depressão tão grande que eu não tinha ânimo para fazer comida, arrumar minha casa e muito menos orar e ler a Palavra. Descobri que a depressão começa pela falta de decisão, pois quando decidimos o que queremos, mesmo com as consequências, há paz, mas viver na indecisão é viver angustiado, descontente e insatisfeito com tudo e todos.

Aqueles foram dias terríveis, mas Deus, como sempre, foi misericordioso e me sustentava na minha fraqueza. Passados alguns meses tomei uma decisão de me separar do pai do meu filho, depois de dez anos juntos, mas que sempre se mostrou um relacionamento fracassado. Hoje eu percebo que muito dos erros eram meus. Na época, eu tomei essa decisão porque estava afetando meu filho, ele era uma criança de três anos que achava que era o adulto da relação. Ele só presenciava brigas e mais brigas e com apenas três anos estava tomando o peso daquele casamento para ele.

Uma coisa é você ser inteligente e outra completamente distinta é ser sábia, pois apenas Deus pode nos dar a verdadeira sabedoria

Obviamente, o pai dele tinha muitos defeitos, mas se eu fosse uma mulher sábia eu poderia ter contornado as coisas. Mas como ser sábia se eu não aceitava ser moldada por Deus? Uma coisa é você ser inteligente e outra completamente distinta é ser sábia, pois apenas Deus pode nos dar a verdadeira sabedoria. E mais, precisamos pedir por ela, mas eu não estava disposta.

Na minha indecisão, eu ficava cada vez mais frustrada e descontava nas pessoas, era um jeito de me sentir melhor. Eu tinha uma mania de dizer que era "8 ou 80" e achava normal e até admirável ser assim. Eu feria as pessoas sem perceber, achava que estava apenas sendo sincera com elas, frequentemente confundia falta de educação e empatia com sinceridade.

Estava tão obstinada a ser independente, a ser dona da verdade e não percebia o abismo em que eu estava cada dia mais submersa.

O tempo havia passado e como eu havia mudado, tudo em mim havia se deteriorado, nem lembrava daquela menina meiga, carinhosa e equilibrada de outros tempos, agora o que me restava era ferir as pessoas. Estava tão obstinada a ser independente, a ser dona da verdade e não percebia o abismo em que eu estava cada dia mais submersa. Eu me sentia tão sozinha, tão carente, tão sem amor-próprio, mas era incapaz de pedir ajuda, pois também era extremamente orgulhosa.

"A soberba precede a ruína, e a altivez do espírito precede a queda. Melhor é ser humilde de espírito com os mansos, do que repartir o despojo com os soberbos."
Provérbios 16:18,19

"Regi, você parece que não tem problemas!" Que grande mentira, eu sorria por fora, mas por dentro estava destroçada.

Eu vivi na pele o que esse versículo nos ensina, estava caída e cada vez mais afundada em meus achismos, ferida, amarga, mais sozinha do que nunca. Mas aprendi a colocar uma máscara que eu chamava de "a máscara da felicidade". Vendia uma ideia de que era bem resolvida. Lembro-me de uma vez ouvir de uma prima: "Regi, você parece que não tem problemas!" Que grande mentira, eu sorria por fora, mas por dentro estava destroçada.

Aproveito para deixar um alerta a nós que somos pais, pois temos de estar sempre atentos aos nossos filhos, pois talvez eles estejam passando por situações que nem imaginamos. Doenças psicossomáticas (mentais) vão desencadeando ao longo dos anos um abismo interior de quem as sofre e quando alguns percebem já é tarde demais. Faça o caminho de volta, conserte os estragos causados pelos traumas, para não ser surpreendido por esses inimigos silenciosos.

DESPERTA DÉBORA

A solidão é um dos piores sentimentos que existem, nos faz sentir inadequada diante de qualquer pessoa, de qualquer situação

Deus vê tudo, sabe de tudo, sonda e conhece os nossos pensamentos e hoje eu sei que quando clamamos pelo socorro Dele, Ele vem. Eu sentia uma solidão avassaladora, parece que ninguém seria capaz de entender o que eu estava vivendo, havia um grito preso em meu interior. A solidão é um dos piores sentimentos que existem, nos faz sentir inadequada diante de qualquer pessoa, de qualquer situação. Naqueles dias eu estava enfrentando uma depressão profunda, pensava em por fim a minha vida, pois olhava para dentro de mim e não conseguia enxergar qualquer esperança de melhora.

Nesse período, eu já havia aceitado Jesus como meu único Senhor e Salvador da minha vida e inclusive estava frequentando a "Igreja Adventista", mas não me sentia parte da igreja, achava que faltava algo na minha vida. Aquele vazio continuava só crescendo dentro de mim, eu estava desistindo de mim mesmo. Até que um dia uma amiga me chamou para ir em um evento da igreja dela e eu fui.

Chegando lá eu senti algo diferente no meu coração. Durante a ministração a pastora começou a falar das mulheres da Bíblia, até que em determinado momento ela disse: *"Desperta Débora, levante e ande, pois hoje é o dia da sua libertação!"* Eu senti que algo estava acontecendo comigo. Logo me levantei da cadeira e não me preocupei com mais ninguém, algo acendeu dentro do meu coração.

...senti um abraço vindo de Jesus, como nunca antes, era algo tão forte que o senti apertando meus ossos e uma sensação incrível de paz

Terminando o evento, fui embora e naquela noite não consegui dormir de tantas emoções dentro de mim, um turbilhão de emoções. Mal sabia eu que havia sido tocada pelo Espírito Santo. Na igreja que eu frequentava não se falava sobre o Espírito Santo, mas eu sabia que havia algo diferente em mim, senti um abraço vindo de Jesus, como nunca antes, era algo tão forte que o senti apertando meus ossos e uma sensação incrível de paz me invadiu com aquela experiência. Durante toda a semana eu senti que alguma coisa tinha mudado dentro de mim.

Uma esperança no fim do túnel

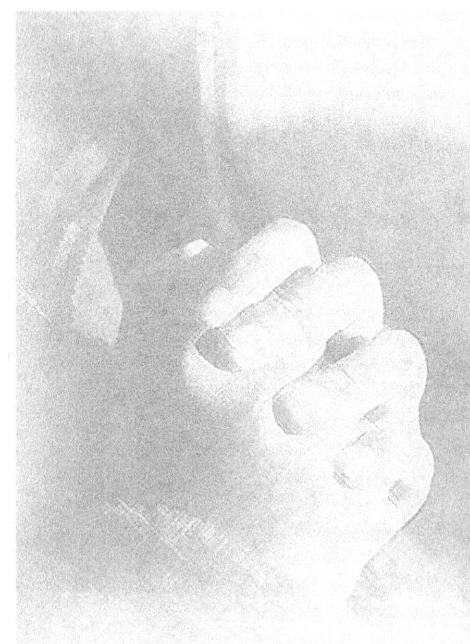
Deserto Lugar de cura e restauração

Quando chegou domingo, eu senti uma vontade de ir naquela igreja, liguei para minha amiga, mas ela disse que não poderia ir, o que me deixou frustrada e pensando que mesmo assim precisaria ir, pois sabia que Deus queria falar comigo naquele lugar. A tarde, minha amiga disse que iria comigo e assim fomos. Ao Chegar lá eu me sentei e comecei a pensar em suicídio durante o culto, por mais que eu estivesse esperando uma resposta de Deus, minhas feridas continuavam, e o inimigo é sujo e não iria me deixar assim tão fácil.

"O ladrão não vem senão a roubar, a matar, e a destruir; eu vim para que tenham vida, e a tenham com abundância."

João 10:10

A todo momento eu pensava que alguém viria falar comigo, mas nada aconteceu. Então, eu voltei para casa tão mal, tão desiludida. Mas no outro dia logo pela manhã recebi uma ligação, era a pastora daquela igreja que me disse: *" Regi Cláudia, você não me conhece, mas durante o culto o Espírito Santo me mostrou uns pensamentos seus muito ruins. Gostaria de conversar com você. Você se dispõe? "* Aceitei de imediato e marcamos para o dia seguinte.

Ela disse: " Você tem um chamado muito grande, você vai ser mãe de multidões, será uma pregadora da palavra de Deus! "

Durante a nossa conversa, ela foi revelando a minha vida, segredos que eu jamais tinha falado para ninguém. Ela disse: " *Você tem um chamado muito grande, você vai ser mãe de multidões, será uma pregadora da palavra de Deus!* " Eu confesso que na hora eu fiquei assustada porque nunca havia falado para ninguém sobre o meu chamado, eram coisas minhas e de Deus. No meio da conversa, lembrei que uma vez eu estava deitada no sofá e eu me via pregando para multidões e ouvi de Deus que um dia eu seria uma transformadora de vidas. Não sabia que era o Espírito Santo, eu achava que era loucura minha, achava que essas coisas não aconteciam.

Quanto mais aquela pastora falava, mais eu pensava: *"não volto aqui nunca mais!"* No fim da nossa conversa ela me perguntou se eu toparia um desafio e eu falei que sim, mas a verdade é que eu queria sair logo dali. Ela me disse que me daria dois livros para ler e que me mandaria mensagens todos os dias e pediu ainda que eu me comprometesse a ir ao culto durante um mês sem faltar. Eu doida para ir embora, sair daquele lugar, disse que sim.

FORTALECIDA PELA ADORAÇÃO

Ao chegar em casa, fiquei duas noites sem dormir, nunca tinha passado por aquela experiência, pensava como uma pessoa poderia saber tanto da minha vida, sem eu nunca ter falado para ninguém. Mas havia aceitado o desafio e comecei a ler os livros e ler as mensagens com louvor que ela me mandava. Até hoje eu choro quando ouço esse louvor "Tua igreja te adora - Ministério Cristo Vivo".

Quanto mais eu cantava, mais eu amava a igreja, a obra e a Palavra de Deus

Comecei a aprender a música e todos os dias, durante uns três meses, ela foi meu sustento. Quanto mais eu cantava, mais eu amava a igreja, a obra e a Palavra de Deus. Deus falava demais comigo por meio dessa adoração e menos de um mês depois eu já não ouvia mais música secular, não assistia a globo, renunciei a muitas coisas para que Ele fizesse a obra Dele em minha vida.

O INÍCIO DO PROCESSO

No entanto, apesar da rapidez com que as coisas aconteceram, fui descobrindo que há processos que vamos vencendo com o tempo. Saí da igreja que frequentava anteriormente, o que foi muito difícil para minha família. Minha mãe não aceitou minha decisão e ficou quase um mês sem falar comigo. Eu sei que foi só um sentimento de mãe, que queria seus filhos todos com ela na mesma denominação.

Hoje, eu entendo que cada pessoa tem o seu lugar e seu tempo. Eu defendo Cristo, não religião ou denominação...

Além do mais, como estava no primeiro amor só queria falar de Jesus o tempo todo e isso trouxe muitas discórdias. Tudo o que eu falava era motivo de briga, como se eu estivesse afrontando minha família. Hoje, eu entendo que cada pessoa tem o seu lugar e seu tempo. Eu defendo Cristo, não religião ou denominação, pois quando Jesus veio aqui na terra ele era evangelista, pregador do Evangelho, não um líder de denominação.

As pessoas com seus interesses, foram criando tantas denominações, porque o interesse religioso é muito grande e a cegueira espiritual é maior ainda. O homem quer para si mesmo uma glória que só pertence a Deus. Vejo igrejas que são empresas e não casa de Deus e isso não apenas no meio evangélico. Hoje se prega muito sobre o evangelho da prosperidade, cada igreja acha que suas normas, suas doutrinas são as únicas válidas.

Eu entreguei minha vida ao Senhor, me rendi a ele e me tornei uma pessoa totalmente apaixonada

O evangelho é simples, mas temos que nos esforçar todos os dias para carregar nossa cruz. Muitas vezes essa cruz envolve o sair do meio da sua parentela como fez com Abraão. Eu entreguei minha vida ao Senhor, me rendi a ele e me tornei uma pessoa totalmente apaixonada. Um dia Deus me deu um versículo em Jeremias do qual jamais me esqueci:

"Há muito que o Senhor me apareceu, dizendo: Porquanto com amor eterno te amei, por isso com benignidade te atraí."

Jeremias 31:3

...mas entendi que a graça Dele me bastava e que quando eu era fraca, aí eu era forte.

Em seguida ele me disse que havia me atraído por meio do meu filho. Meu filho foi o motivo principal para eu ter me aproximado de Deus. Esse foi meu primeiro passo em direção a Ele, eu ainda tinha muito o que ser transformada, mas entendi que a graça Dele me bastava e que quando eu era fraca, aí eu era forte.

"E disse-me: A minha graça te basta, porque o meu poder se aperfeiçoa na fraqueza."

2 Coríntios 12:9

...um grande problema, não estava disposta a abrir mão do velho homem para ser a pessoa que Deus queria que eu fosse.

Depois do meu encontro com Jesus, minha vida passou a ter sentido, Ele passou a me sustentar durante a caminhada, mas eu continuava tendo um grande problema, não estava disposta a abrir mão do velho homem para ser a pessoa que Deus queria que eu fosse. Veja o que a Bíblia diz sobre isso:

"Assim que, se alguém está em Cristo, nova criatura é; as coisas velhas já passaram; eis que tudo se fez novo."

2 Coríntios 5:17

Eu já sabia que teria que fazer renúncias, a começar pelo meu eu

Veja que, se somos novas criaturas, as coisas velhas ficam para trás, tudo é novo. É muito lindo dizer esse versículo, difícil e vivenciá-lo. Eu sabia que um dia eu teria que tomar a decisão de deixar muitas coisas para trás. Eu já sabia que teria que fazer renúncias, a começar pelo meu eu. Deus demonstrou o seu amor para conosco entregando o seu melhor, seu único filho, mas nós não valorizamos isso, somos ingratos e cheios de reservas.

"Porque Deus enviou o seu Filho ao mundo, não para que condenasse o mundo, mas para que o mundo fosse salvo por ele."

João 3:17

A graça e a misericórdia do Senhor nos alcançam todos os dias. Hoje eu entendo que não precisamos estar completamente curados para se achegar a Jesus, pois Ele veio para os pecadores e doentes. É durante a caminhada com Ele que nós vamos sendo transformados, libertos e curados. Conhecendo a verdade e sendo libertos por ela:

> *"E conhecereis a verdade, e a verdade vos libertará."*
>
> *João 8:32*

... processo para nos tornar sua imagem e semelhança é mais complexo, envolve fé e muitas renúncias.

Quem é essa verdade? Jesus Cristo é o caminho, a verdade e a vida. Precisamos conhecê-Lo para que nossas vidas sejam transformadas pelo poder do Espírito Santo. Uma das primeiras coisas que Jesus transformou em mim foi a vergonha de falar do nome Dele, de carregar uma Bíblia debaixo do braço. Lembro-me que um dia saí do culto e parei num supermercado e estava carregando minha Bíblia, eu a coloquei no balcão para pagar a conta e de repente meu olhar fixou nela. Naquele momento eu percebi que não tinha vergonha dela, pelo contrário nunca me senti tão aprovada por Deus, tão orgulhosa de mim mesma. Deus nos chama à obediência, mas o processo para nos tornar sua imagem e semelhança é mais complexo, envolve fé e muitas renúncias.

A ORDENAÇÃO

Um dia o pastor me chamou e falou: "Regi, vamos te ordenar a evangelista". Naquele momento me senti no céu, porque finalmente uma das promessas de Deus estava se cumprindo em minha vida. Mesmo não obedecendo, mesmo com medo, a paz que sentimos em estar dentro do propósito de Deus é tremenda. No dia da minha ordenação, o pastor me disse que Deus o havia dado uma palavra a meu respeito:

"Antes que te formasse no ventre te conheci, e antes que saísses da madre, te santifiquei; às nações te dei por profeta."

Jeremias 1:5

Aquele foi um dia ímpar em minha vida, um divisor de águas. No entanto, com o passar do tempo, anos, eu estava atuando em variados ministérios, o de evangelismo, e de portaria, fazia parte do conselho igreja, etc. Era de se esperar que eu estivesse me sentindo realizada, feliz. Mas havia uma inquietação dentro do meu peito, algo faltava, então eu comecei a me aprofundar na Palavra e perguntar ao Senhor o porquê daquele incômodo.

Um dia, enquanto eu me arrumava para ir ao culto, o Espírito Santo ministrou ao meu coração dizendo: *"Você não vai ao culto, hoje você vai ficar em casa"*. Achei aquilo tudo muito estranho, como assim Deus não queria que eu fosse a Sua casa naquele dia? Apesar disso obedeci, e o Senhor começou a ministrar ao meu coração me dizendo que deveria me retirar para orar e buscar as respostas, me disse que na Sua Palavra encontraria o motivo das minhas inquietações.

O LIVRO DE JEREMIAS

...quanto mais eu lia, mais eu chorava, eu me vi sendo parte daquela história, meu chamado me foi sendo revelado e minha vida começou a fazer sentido.

Comecei a orar, depois peguei a minha Bíblia e Deus me conduziu ao livro de Jeremias, e quanto mais eu lia, mais eu chorava, eu me vi sendo parte daquela história, meu chamado me foi sendo revelado e minha vida começou a fazer sentido. Eu sabia que Deus tinha me chamado para levar a Palavra, mas no livro de Jeremias eu descobri a profundidade da minha vocação. Eu havia sido chamada para falar do seu nome, para orar pelo Seu povo, para falar do pecado, do arrependimento, a pregar o amor, mas principalmente a pregar a justiça de Deus, pois Ele é amor, mas também justiça.

Nós não estamos a passeio, estamos em guerra. Há uma luta o tempo todo entre carne e o espírito e vence quem é mais bem alimentado

Ultimamente, as pessoas pregam muito sobre o amor e quase não se fala de pecados, arrependimento, porque ninguém quer ouvir falar sobre isso, e falar sobre é ter uma igreja vazia. Ninguém quer saber de confronto, mas o evangelho é confronto. Nós não estamos a passeio, estamos em guerra. Há uma luta o tempo todo entre carne e o espírito e vence quem é mais bem alimentado. A carne e o espírito são opostos entre si:

"Porque a carne cobiça contra o Espírito, e o Espírito contra a carne; e estes opõem-se um ao outro, para que não façais o que quereis."

Gálatas 5:17

Ali, lendo o livro de Jeremias, Deus foi se revelando, me fazendo lembrar das coisas que Ele havia me falado e eu não sabia discernir a sua voz. Lembrei que um ano antes Ele havia começado a ministrar ao meu coração o número 24. Eu pensei: "Esse ano minha vida vai mudar no dia do meu aniversário". Meu aniversário é dia 24 de outubro e chegado o dia, nada aconteceu. Pensei, deve ser dia 24 de dezembro na virada do dia 25, dia do natal, mais uma vez, nada de extraordinário. Então, comecei a perguntar o que Ele queria me dizer com o número 24 e Ele me levou a esse capítulo no livro de Jeremias. Por ser um capítulo muito extenso não o colocarei aqui, mas o convido a ler e meditar nessa passagem.

Deus foi ministrando ao meu coração sobre os figos bons e ruins. Foi falando sobre tudo ter seu tempo, assim como um fruto colhido fora da estação acaba por apodrecer. Ele me falou que eu era uma filha escolhida por Ele, mas que revelar determinadas coisas fora de tempo iria tornar uma benção em maldição. E que para que eu entrasse de fato no meu chamado eu precisaria aceitar os processos.

Lembrei da palavra que Deus mandou o pastor me entregar no dia da minha ordenação no livro de Jeremias, lembrei quando o Senhor me deu uma palavra para falar do amor que ele tinha por mim e me deu meu filho, também estava no livro de Jeremias. Esse livro da Bíblia passou ser a minha referência. Uma certa vez, estava interessada em um rapaz e não deu certo, mas logo Deus tirou da minha vida e para confirmar me deu um versículo que igualmente está no livro de Jeremias:

"Porque eu bem sei os pensamentos que tenho a vosso respeito, diz o Senhor; pensamentos de paz, e não de mal, para vos dar o fim que esperais."

Jeremias 29:11

Deus fala conosco o tempo todo, mas quando estamos com o coração endurecido e cheio de nós mesmos, dos nossos achismos, não percebemos a simplicidade do seu falar e a grandeza do seu agir.

Impressionante como eu encontrei minha vida no livro de Jeremias, achei as respostas que tanto buscava. Deus fala conosco o tempo todo, mas quando estamos com o coração endurecido e cheio de nós mesmos, dos nossos achismos, não percebemos a simplicidade do seu falar e a grandeza do seu agir. Deus fala na simplicidade, quando vemos as parábolas de Jesus, todas tem ligação com o que é simples, corriqueiro, mas contém verdades muito profundas.

UM DIFÍCIL COMEÇO

Enquanto eu estava ali meditando em Jeremias, comecei a lembrar das histórias que minha mãe contava de como minha vida foi difícil desde o meu nascimento. Quando eu estava com um mês, eu quase morri afogada com leite, ela conta que eu estava roxa e ela teve que chupar meu nariz para o fôlego voltar. Pouco depois, aos 2 anos eu engoli um prego, aos três anos engoli um alfinete aberto e aos 4 anos quase morri engasgada com uma bala dura, ao ponto de sangrar pela boca.

Depois que cresci um pouco as lutas continuavam, aos doze anos caí de uma árvore cortei a cabeça e levei quinze pontos. Depois de uns anos comecei a sentir muitas dores de cabeça, desmaiar, fui indicada para cirurgia, que acabei não fazendo, mas comecei a tomar um medicamento forte, anticonvulsivo por alguns anos.

...o diabo pode até tentar contra nossas vidas, tudo pode desmoronar ao nosso redor, mas nós estamos seguros debaixo de Suas asas

Hoje, eu estou com quarenta e nove anos e para honra e glória do Senhor, não tenho nada e nunca fiz cirurgia, sou totalmente curada. Naquela noite eu percebi que Deus sempre esteve comigo, nunca me deixou, nunca me abandonou, sempre foi fiel na minha vida e isso me encheu de gratidão por Deus, um sentimento que nunca tinha sentido. Soube ali que o diabo pode até tentar contra nossas vidas, tudo pode desmoronar ao nosso redor, mas nós estamos seguros debaixo de Suas asas. Você pode se perguntar, mas será que todos têm um propósito? Sim. Você precisa apenas descobrir, como eu descobri.

Quando nós nos alinhamos ao propósito de Deus para nossas vidas, tudo faz sentido

Quando nós nos alinhamos ao propósito de Deus para nossas vidas, tudo faz sentido, qualquer sacrifício ou renúncia passa a fazer sentido. Hoje eu percebo o quanto fui ingrata com Deus, desconhecendo a sua soberania em minha vida, houve a fidelidade Dele para comigo, apesar de mim mesma.

Deserto Lugar de cura e restauração

CAPÍTULO 04

Uma nova história

Aquela experiência que tive naqueles dias com a leitura e meditação no Livro de Jeremias foi algo muito forte e compartilhei com apenas uma amiga, uma irmã em Cristo. Passado isso, resolvi fazer um jejum durante um mês para obter o discernimento de tudo aquilo, eu tinha determinado em meu coração que iria cumprir o meu chamado a qualquer custo e levaria Sua palavra onde quer que pusesse os meus pés. E começaria antes mesmo de sair de casa, me comprometi a deixar Deus me usar por meio das minhas redes sociais.

Fiz esse jejum para que Deus me fortalecesse e me desse ousadia para falar de Seu nome. Lembrei da ocasião em que fui ordenada e o Espírito Santo me dirigiu a colocar o termo evangelista na biografia das minhas redes sociais. Um dia antes havia postado uma foto sensual e fui constrangida por Ele a apagá-la. Pensei: "Evangelista. Com essa foto?" Na época recebi algumas críticas não pela foto pois essa apaguei de imediato, mas pelo fato de haver colocado Evangelista Regi Cláudia, alguns irmãos acharam que eu estava querendo aparecer, me promover, mas estava apenas obedecendo.

A primeira coisa que precisamos entender quando temos um chamado de Deus é que sempre haverá críticas, afrontas, calúnias, ciúmes, invejas e precisamos estar preparados para isso

A primeira coisa que precisamos entender quando temos um chamado de Deus é que sempre haverá críticas, afrontas, calúnias, ciúmes, invejas e precisamos estar preparados para isso e eu não estava preparada ainda, mesmo com minhas limitações eu estava com esse propósito. Assim, quando terminei o jejum, entrei para o meu quarto para entregá-lo ao Senhor e ouvi o Espírito Santo me dizer: "Você não vai falar de mim nas suas redes sociais, você vai trabalhar nas redes sociais da pastora".

Para mim não foi difícil, liguei para uma amiga minha e falei do meu jejum e disse que iria trabalhar a imagem da pastora durante um ano, pois foi o que Ele me pediu. Ela me respondeu que já tinha visto isso pela fé. Fui obediente e durante um ano usei as redes sociais da minha pastora para falar de Jesus. No entanto, quando esse período acabou começou o meu martírio. Isso porque eu não queria parar, eu escolhi um caminho da idolatria e obediência ao homem.

Eu estava tão animada, uma chama queimava dentro de mim por pregar e conhecer mais a Deus.

Embora a ordem de Deus fosse clara, eu não queria magoar a pastora e pensava que se fizesse isso perderia o meu lugar no coração dela. Preferi desobedecer a Deus, magoar a Deus ao invés do homem. Quando havia se passado um ano e cinco meses eu decidi parar e começar a pregar a Palavra do Senhor. Eu estava tão animada, uma chama queimava dentro de mim por pregar e conhecer mais a Deus. No entanto, fui mal interpretada por meus líderes que acharam que eu estava querendo ocupar seus lugares, com isso fui envolvida numa rede de julgamentos e calúnias.

Nessa altura, eu já tinha deixado minha casa, minha família e meus amigos por causa da igreja, por uma obediência cega ao homem eu estava refém do homem. Aquilo me atormentava muito eu sabia que estava errado, mas não queria deixar minha posição na igreja, na vida dos pastores. Toda vez que eu pensava em deixar algumas responsabilidades na igreja para poder cuidar do meu primeiro ministério, eu era taxada como irresponsável, imatura e sem compromisso.

Deus jamais pedirá que você abandone sua família, seu primeiro ministério, Deus é um Deus de princípios e não age fora deles.

A Palavra do Senhor nos conta a história de Abraão a quem Deus pediu para sair da sua terra e parentela, mas infelizmente muitos líderes distorcem esse versículo. Deus jamais pedirá que você abandone sua família, seu primeiro ministério, Deus é um Deus de princípios e não age fora deles.

CEGUEIRA ESPIRITUAL

A cegueira espiritual é uma das características da falsa fé

Toda aquela situação me conduziu a um deserto, Deus foi me levando para esse lugar para que eu me desse conta de quão cega estava pela religiosidade, eu estava enganada a respeito de quem de fato estava servindo, pensava que fosse a Deus, mas a verdade é que eu estava prostrada diante do homem. A cegueira espiritual é uma das características da falsa fé e somos levados a pensar que se não fizermos tudo que nossos líderes pedem não vamos para a eternidade com Jesus, pensamos que não vamos prosperar em nada, pois nos colocamos totalmente à mercê do homem, aprisionados a religiosidade.

Na realidade, eu achava bom e confortável o lugar em que estava, mesmo com uma voz me constrangendo o tempo todo, mesmo sentindo inquieta e frustrada. Um dia o pastor disse que quando ofertamos e não pagamos o dízimo, estamos trazendo maldição para nossa vida, porque não estávamos cumprindo princípios. Naquele momento uma luz acendeu em mim. Como eu ofertava demais para os projetos da pastora eu acabava não dizimando. Minha vida financeira foi entrando em declínio, e Deus ministrou que eu estava deixando de cumprir um princípio.

Naquele momento eu percebi que a vida que estava levando não agradava a Deus. Um dia eu e os pastores fomos visitar uma igreja e durante o culto eu senti o cheiro de Jesus, no decorrer dos dias a voz do Espírito Santo falou comigo que estava na hora de sair daquele ministério, pois Ele me queria em outro lugar, eu deveria ir para onde eu havia sentido Seu cheiro. Mas, eu preferi não dar ouvidos.

...não conseguia enxergar e entender que homem nenhum deve ocupar o lugar do Espírito Santo e que Deus não divide a honra Dele com ninguém

Eu amava os pastores, os membros, meu ministério e também era muito querida por todos, então por que eu iria sair? No entanto, as fofocas cresciam mais e mais a cada dia e eu comecei a perceber que tinha uma idolatria pelos pastores, um amor desequilibrado que me deixava ser totalmente governada por eles. Havia encontrado neles algo para preencher o vazio do meu coração, não conseguia enxergar e entender que homem nenhum deve ocupar o lugar do Espírito Santo e que Deus não divide a honra Dele com ninguém, mesmo que esse alguém fossem meus líderes religiosos, enviados por Ele para me ajudar.

Quero que o leitor perceba que o erro não estava neles, pois cumpriam seu papel de mentorear e orientar, me ensinando o caminho a seguir, mas em mim, que por minha carência emocional, inverti os papéis no meu interior, deixando pessoas e não Deus serem os mais importantes na minha vida.

A SEGUNDA PARTE DO PROCESSO

Comecei um processo de dor, angústia, ansiedade e depressão. Dentro de mim era uma luta muito grande, era como começar do zero. Havia uma luta interna entre o que eu achava e o que Deus estava me pedindo. Minha dependência emocional gritava alto que era para continuar exatamente onde estava, mas eu sabia que não era o certo a fazer.

Com certeza iriam falar que eu estava louca. Mas, a verdade é que servir a Deus é loucura mesmo

Os dias foram passando e eu compartilhava apenas com uma amiga, ninguém mais sabia o que eu estava passando. Como chegar em meus pastores e falar que Deus havia ministrado em meu coração para deixar a igreja deles? Com certeza iriam falar que eu estava louca. Mas, a verdade é que servir a Deus é loucura mesmo:

"Mas Deus escolheu as coisas loucas deste mundo para confundir as sábias; e Deus escolheu as coisas fracas deste mundo para confundir as fortes; E Deus escolheu as coisas vis deste mundo, e as desprezíveis, e as que não são, para aniquilar as que são."

1 Coríntios 1:27-28

UM LUGAR DE PROVISÃO

Passaram-se dias, meses nessa indecisão, eu não tinha coragem de iniciar a conversa. No entanto, Deus começou a trabalhar em outra área da minha vida, iniciou-

-se ali um período de deserto financeiro. Um dia estava limpando a casa de minha mãe e ouvi uma voz dizendo: *"Sabe o dinheiro que você está esperando? Não vai sair a quantia que você está esperando, será bem menos, mas não temas eu estou contigo."*

> *"Não temas, porque eu sou contigo; não te assombres, porque eu sou teu Deus; eu te fortaleço, e te ajudo, e te sustento com a destra da minha justiça."*
>
> **Isaías 41:10**

Deus ainda me disse que o pouco em suas mãos se torna milagre. Ele me lembrou que tudo que Moisés tinha em suas mãos era apenas uma vara, um pedaço de madeira aparentemente sem muita expressão e valor, no entanto, essa mesma vara o ajudou em toda trajetória do povo do Egito para Canaã. Em seguida, liguei para uma amiga e compartilhei o que Deus tinha falado comigo, mas pensei que pudesse ser algo da minha cabeça.

Na semana seguinte minha água foi cortada, fiquei uma semana sem água, porque não tinha dinheiro para pagar, pegava água da rua da casa da minha mãe, com um balde e ia trazendo para dentro da minha casa. Apenas duas amigas sabiam dessa situação. Na semana seguinte arrumei o dinheiro, mas o Espírito Santo me constrangeu a pagar o dízimo que estava atrasado e eu prontamente obedeci.

Na outra semana eu consegui um outro dinheiro, mas tive que pagar uma outra conta. Aquela situação foi se estendendo, havia dias em que eu acordava muito desanimada por toda aquela situação, tinha fortes dores de cabeça em virtude de uma enxaqueca e tudo aquilo potencializava a doença. Mas ainda assim o Senhor sempre falava comigo: "Eu te fortaleço, sustento, sou contigo".

...eu falei ao Senhor que o adoraria diante de qualquer situação e não me deixaria envolver na murmuração como foi com o povo no deserto

Até que finalmente quando levantei para pegar água com o balde, como já era parte da minha rotina, a água havia secado. Me lembro de ter pensado: "Será que tem como ficar pior?" Mas apesar disso, eu falei ao Senhor que o adoraria diante de qualquer situação e não me deixaria envolver na murmuração como foi com o povo no deserto, pois aquilo os havia feito morrer no deserto. Compreendi que Deus estava me levando para a Casa do Oleiro, assim como fez ao profeta Jeremias:

"A palavra do SENHOR, que veio a Jeremias, dizendo: Levanta-te, e desce à casa do oleiro, e lá te farei ouvir as minhas palavras. E desci à casa do oleiro, e eis que ele estava fazendo a sua obra sobre as rodas, como o vaso, que ele fazia de barro, quebrou-se na mão do oleiro, tornou a fazer dele outro vaso, conforme o que pareceu bem aos olhos do oleiro fazer. Então veio a mim a palavra do Senhor, dizendo: Não poderei eu fazer de vós como fez este oleiro, ó casa de Israel? Diz o Senhor. Eis que, como o barro na mão do oleiro, assim sois vós na minha mão, ó casa de Israel."

Jeremias 18:1-6

Quando finalmente eu arrumei o dinheiro para pagar, meu coração se encheu de paz. Quando cheguei em casa e fui ver quantos dias eu havia ficado sem água, somaram exatos 40 dias. Mais tarde, ao estudar na Palavra, vi que 40 anos foi o tempo que o povo permaneceu no deserto, ainda que essa trajetória pudesse se completar em apenas 14 anos. A Murmuração os prendeu ali por desnecessários 26 anos, não queria aquilo para mim. Para saber mais vide Deuteronômio 8:12, 29:4.

Descobri também que Jesus jejuou quarenta dias e quarenta noites para começar seu ministério e que Moisés passou quarenta dias no monte (Vide Êxodo 24:18,34:26). Além disso, o Apóstolo Paulo recebeu quarenta chicotadas pelo menos umas cinco vezes (Vide 2 coríntios 11:24) e Elias jejuou quarenta dias (Vide 1 Reis 19:8).

Deserto é lugar de transformação, é lugar de você deixar o velho homem e ver nascer uma nova criatura para Cristo Jesus.

Assim, pude perceber que o número quarenta representa a preparação para algo novo e eu ansiava por isso em minha vida. No entanto, antes de alcançar o novo é necessário passar pelo fogo, pela prensa, ser forjado e esmagado. Deserto é lugar de transformação, é lugar de você deixar o velho homem e ver nascer uma nova criatura para Cristo Jesus. Aquela experiência de carregar água no balde por 40 dias fez com que eu me sentisse tão honrada por Jesus, pois mesmo sendo humilhada, eu me senti profundamente amada, segura e cuidada por Ele.

Foi uma grande soma de dias, mas Deus foi tão bom comigo que não senti o tempo passar, aquilo parecia sobrenatural, como se Deus tivesse me carregado no colo durante esses quarenta dias. Lembrei que durante esses quarenta dias choveu em quase todos eles, apesar do esforço, o refresco Dele me acompanhava todos os dias.

Além disso, por tanto volume de chuva naqueles dias ninguém vinha me fazer visitas, era um meio de Deus me mostrar que aquele era um momento que eu deveria passar apenas eu e Ele, sem pedir ajuda para ninguém. Foram dias difíceis, mas posso afirmar que sinto falta daqueles dias, porque nunca estive tão dependente de Deus, Ele era o que eu tinha e tudo que eu precisava.

Quando você, caro leitor, estiver passando pelo deserto, lembre-se que o Senhor é o seu sustento, Ele está lá com a água e o pão para alimentá-lo, tudo que você precisa é buscar o alimento espiritual, aquele que vai fortalecê-lo, capacitá-lo e curá-lo. O Senhor é o refrigério que a alma necessita, a força que o fará vencer as circunstâncias e o seu próprio eu, e sobretudo é a fé que vai tirá-lo do lugar comum e fazê-lo andar no sobrenatural.

"Porque andamos por fé, e não por vista."

2 Coríntios 5:7

LUGAR DE DESCANSO

No deserto nós aprendemos a confiar verdadeiramente em Deus, cabendo a nós apenas decidir quanto tempo estamos dispostos a permanecer ali...

Parece contraditório, mas é no deserto onde é possível sentir a presença de Deus com maior força em nossas vidas, são nos momentos difíceis que enfrentamos que aprendemos a depender totalmente de Deus, as outras fontes secam e somos levados até seus braços de amor, onde além de provisão há também descanso. No deserto nós aprendemos a confiar verdadeiramente em Deus, cabendo a nós apenas decidir quanto tempo estamos dispostos a permanecer ali, se quatorze ou quatenta anos, tudo depende da disposição do coração.

O deserto que vivenciei nas minhas finanças, fez com que eu saísse mais fortalecida e determinada a obedecer a Deus e viver os sonhos dele para minha vida. A primeira coisa que o Senhor ministrou ao meu coração foi esse livro. Quando eu tinha por volta de dezoito ou dezenove anos, Deus falou comigo que eu iria escrever livros, mas eu nunca acreditei. Mas quando ele falou comigo depois do deserto, eu acreditei com todas as minhas forças e hoje esse sonho se faz real.

O deserto nos prepara para nosso destino.

O deserto nos prepara para nosso destino. Foram tantos anos da minha vida perdida, tantos anos impondo as minhas vontades e não as de Deus, mas depois que passei pelo deserto eu aprendi a glorificar a Deus diante de qualquer tempestade e mesmo passando por muitas situações difíceis eu me tornei resoluta em cumprir o que Deus queria de mim. Eu conheci um Deus próximo, o socorro bem presente na angústia.

21 DIAS DE JEJUM

Me lembro que uma semana depois, uma irmã me chamou para nós fazermos um propósito de oração na madrugada, vinte e um dias, e orar por vinte e uma pessoas. Nesses dias Deus me deu uma palavra em Salmos 24, foram vinte e um dias meditando nesse salmo. Veja uma pequena porção que Deus nos deu:

"Vida longa de dias está na sua mão direita; e na esquerda, riquezas e honra."

Provérbios 3:16

O inimigo se levantou muitas vezes nesses dias, mas críamos que nada nos abalaria ou nos faria retroceder:

Oramos esse versículo durante esse período, aprendemos a render glória a Deus em tudo que nos acontecia. O inimigo se levantou muitas vezes nesses dias, mas críamos que nada nos abalaria ou nos faria retroceder:

"Toda a ferramenta preparada contra ti não prosperará, e toda a língua que se levantar contra ti em juízo tu a condenarás; esta é a herança dos servos do Senhor, e a sua justiça que de mim procede, diz o Senhor."

Isaías 54:17

Aprendi muito sobre obediência e comecei a ver algumas escamas caindo dos meus olhos naqueles dias

Durante esse propósito também fiquei apaixonada no livro de Deuteronômio, ele me deu força e coragem para romper certos paradigmas na minha vida e o principal deles era a religiosidade. Aprendi muito sobre obediência e comecei a ver algumas escamas caindo dos meus olhos naqueles dias, deixando para trás certos monstros de dentro de mim.

Como falei do início, eu tinha uma tendência a me anular em favor das pessoas, nutria muito medo do que elas pensavam a meu respeito, era uma verdadeira escrava das opiniões alheias, mas naqueles dias aprendi a guardar as leis de Deus e cumprir princípios e isso me faria ser aceita por Ele e viver seu melhor.

Ele me mostrou que saindo daquele deserto Ele me conduziria a Terra prometida.

Em Deuteronômio, Deus se revelou a mim de uma forma como um pai cuida de seus filhos e não como um Deus carrasco, Ele me mostrou que saindo daquele deserto Ele me conduziria a Terra prometida.

UMA PROVA DE FÉ

Terminamos o propósito na segunda-feira e tudo ia muito bem até que na terça-feira minha irmã me ligou falando sobre aquele dinheiro que tínhamos para receber e, conforme Deus já tinha me orientado, o valor era muito inferior ao que esperávamos. Eu tinha muitas contas para acertar e não seria suficiente, mas eu decidi não temer, cri naquilo que Ele já havia me dito em Isaías 41.

Interessante que todas as vezes que estou passando por uma situação difícil na minha vida, Deus usa uma pessoa para me mandar esse versículo. Desliguei o celular e comecei a louvar ao Senhor. Liguei para minha pastora e uma amiga para contar-lhes do ocorrido e elas ficaram piores do que eu. Me mantive firme e o mais engraçado foi que as pessoas começaram a achar que eu estava em negação com a situação ou louca mesmo, mas eu estava descansada no Senhor.

Decidi filtrar aquelas palavras e usar o que era conveniente como uma lição para o bem e não para o mal.

Quando passamos pelo deserto, aprendemos a descansar em Deus na tempestade ou na bonança. Infelizmente naqueles dias eu tive uma discussão pesada com minha irmã e ela me falou algumas coisas doloridas, mas eu apenas me calei, lembrando de tudo o que o Senhor havia me dito. Decidi filtrar aquelas palavras e usar o que era conveniente como uma lição para o bem e não para o mal. Nós temos esse poder de decisão quando ouvimos o que nos desagrada.

É muito fácil pregar a Palavra de Deus, difícil mesmo é vivê-la. Quando você decide confiar em Deus e não se desesperar, as pessoas acham que você está louca. As mesmas pessoas que nos dizem para descansar e confiar são as que nos criticam quando fazemos isso. Poucos dias depois, em uma quinta-feira, tinha culto e eu decidi ficar em casa, estava muito cansada por passar por tudo aquilo, a minha mente estava bem, mas o meu corpo estava cansado. No sábado acordei e falei para Deus as seguintes palavras:

"Por isso não desfalecemos; mas, ainda que o nosso homem exterior se corrompa, o interior, contudo, se renova de dia em dia"

2 Coríntios 4:16

Eu sabia que tinha muitos compromissos a cumprir e não sabia como, mas tinha uma certeza muito grande de que Deus estava comigo e isso me bastava

Pedi ao Senhor que trouxesse sobre mim o Seu renovo, tomei a decisão de seguir em frente, ser feliz apesar de qualquer circunstância. Eu sabia que tinha muitos compromissos a cumprir e não sabia como, mas tinha uma certeza muito grande de que Deus estava comigo e isso me bastava. O deserto me ensinou a não me mover por circunstâncias.

CAPÍTULO 05

Consequência da religiosidade

Naquele dia me levantei, e não se passaram sequer cinco minutos, recebi uma ligação, era a pastora me perguntando o porquê de eu não haver comparecido ao culto de quinta-feira. Eu respondi que não estava me sentindo bem e decidi ficar com o João Pedro, que ele estava ficando muito sozinho por causa dos meus compromissos da igreja e por isso me disse que queria ir morar com o pai, tudo por causa da minha ausência. Quando eu disse isso ela começou a me falar tantas coisas do tipo que eu nunca iria amadurecer, que eu nunca iria romper na vida, que vivia em um engano espiritual, etc.

Assim, eu respondi que já não estava entendendo, pois a Palavra do Senhor diz para que cuidemos do nosso primeiro ministério que é a nossa família, no caso meu filho que estava sempre sozinho. Falei para ela que havia tirado um tempo com ele, que fiz uma lasanha que é sua comida preferida e que ficamos em casa.

Meu filho tinha razão, eu estava muito ausente. Eu saía de segunda a sexta e domingo, só ficava em casa no sábado. Ele tinha apenas dez anos e estava sozinho desde os oito, só queria ficar em frente ao computador. A resposta dela foi:

- Minha irmã, você tem que aprender muito, eu desisto de você, você não entende nada sobre a obra!

Eu não estava entendendo nada mesmo, pois a cegueira espiritual é uma prisão, faz com que você se sinta culpada por algo que você nem sabe o que é. Comecei a chorar sem parar e me sentir um lixo por tudo aquilo. Hoje eu vejo que as pessoas estão cegas, vivem debaixo de um jugo do homem, da escravidão, fazem de tudo para manter um status fora da realidade, são carentes, frustradas e tendem a querer suprir essa deficiência no homem, em quem depositam toda sua confiança.

O homem é falho, Deus é o único que jamais nos decepcionará

O homem é falho, Deus é o único que jamais nos decepcionará. Fico pensando em quantas famílias desfeitas, quantos lares arruinados por essa armadilha do diabo que é a cegueira espiritual. Eu imagino que a maioria dos líderes que tornam suas ovelhas dependentes de si mesmos não tem ideia do mal que estão causando a essas pessoas.

MENTALIDADE ESCRAVA

"Regi, você está cega espiritualmente, isso é errado...

Eu me sentia amarrada, escrava da própria religiosidade. Desliguei o telefone e chorei tudo que eu não tinha chorado naquela semana. Contei o que havia acontecido para uma amiga e ela me disse: *"Regi, você está cega espiritualmente, isso é errado, Deus não agrada de você deixar sua família, sua casa para servir ao homem, mesmo que na obra Dele"*.

Aquela moça foi abrindo meus olhos e me fazendo perceber o quanto eu estava sendo hipócrita dando meu melhor para os outros e apenas as sobras para minha família, eu estava destruindo meu lar às custas de um status de "mulher espiritual". Deus não quer isso de nós, nosso primeiro ministério é nosso lar e se não somos aprovados dentro de casa, como vamos ganhar os de fora? Hoje eu vejo como Deus sempre esteve do meu lado, mesmo eu pegando um caminho que não lhe agradava.

Louvo a Deus pois Ele sonda e conhece o nosso coração, e sabia da minha vontade de serví-Lo, e mesmo equivocada, era disposta para as coisas do reino. Aquela briga foi o pingo que estava faltando para eu realmente sair da caverna e ser livre em Jesus. Cada dia eu me dava conta de que ali não era mais o meu lugar. Eu era a primeira da lista em participar das coisas, em servir no que fosse preciso, mas com o passar do tempo fui percebendo que eles não me chamavam para mais nada e que aos poucos era colocada de lado como alguém que deixou de ser útil.

Eu estava ali há quase três anos sempre servindo, mas de repente havia me tornado invisível

Foram meses assim. Eu continuava com minhas obrigações, meus compromissos, mas não ia com o mesmo sentimento de antes, tudo que eu fazia sempre estava errado e passei a me sentir inadequada. Como é que você se sente incomodando na casa de Deus? Eu estava ali há quase três anos sempre servindo, mas de repente havia me tornado invisível. Um dia o pastor me chamou para uma reunião e disse:

- Regi eu percebo que você não concorda com nossa doutrina!

Eu pensei: Estou aqui há tanto tempo, deixei tudo, até minha família, tudo que eu tinha eu colocava na obra, as vezes passava até por dificuldades, e de repente ouço isso, que não concordo com a doutrina da igreja. Mas, não parou por aí:

Nós ficamos sabendo também que você está em pecado, por isso não estamos te chamando para mais nada!

Fiquei paralisada ao ouvir aquilo, parecia um pesadelo. Até que falei:

- Pastor você me conhece como ninguém, eu posso ter muitos defeitos, mas eu sou muito verdadeira no que eu faço, eu não tenho problema em confessar os meus defeitos, pecados. Já caí, já pequei e quando eu fiz isso vocês foram os primeiros a saberem. Porque eu contei e disse, e se vocês quiserem me tirar do meu ministério eu vou entender.

Ele me disse:

- Você sabe, as coisas chegam até a gente, e não sabemos o que é verdade ou não!

Ao terminar a conversa fui para casa com uma amiga, estava absurdamente frustrada com tudo que ouvi. Estava em santidade com Deus, buscando a Palavra, e depois daquele deserto, eu estava sendo transformada pelo Espírito Santo. Não entendia como meus líderes não perceberam a minha transformação. Não estava entendendo nada, mas o fato é que havia colocado muitas expectativas em meus líderes, esquecendo que eles são falhos e terminei frustrada.

Um dia, deitada no sofá, lembrei que um dia o pastor me falou que meu testemunho um dia iria ser uma ministração. Entendi que Deus estava me pedindo para escrever, era meu testemunho, pois através dele ajudaria outros que hoje se encontram debaixo de cegueira espiritual, que vivem uma religiosidade, depositando toda sua confiança no homem.

Mas apesar disso ainda não tinha coragem e nem motivação para começar a escrever. Estava pensativa sobre tudo aquilo que vivi. Até que uma amiga chegou em minha casa, era segunda-feira e ela veio me dizer que sairía da igreja. Me senti desconfortável com aquilo, pois não queria interferir nas decisões das pessoas.

FORTE E CORAJOSA

" Você não veio aqui para ser ouvida, para ser ajudada, você veio aqui para ouvir e ajudar, eu quero que você seja braço forte e de você eu cuido no secreto. Seja forte e corajosa! "

Lembro-me que por aqueles dias aconteceria um evento da igreja e resolvi ir, assim como nas reuniões de oração seguintes. Eu estava esmagada por dentro, mas não queria ser pedra de tropeço para quem quer que seja. Lembro-me de ajoelhar e dizer ao Senhor: *"Estou tão carente, ninguém vem aqui orar comigo, me falar uma palavra do Senhor, um conforto para minha alma"*. Mas o Espírito Santo prontamente me corrigiu dizendo: *" Você não veio aqui para ser ouvida, para ser ajudada, você veio aqui para ouvir e ajudar, eu quero que você seja braço forte e de você eu cuido no secreto. Seja forte e corajosa! "*

Não te mandei eu? Esforça-te, e tem bom ânimo; não temas, nem te espantes; porque o Senhor teu Deus é contigo, por onde quer que andares."

Josué 1:9

Lembro que na volta para casa, quase quebrei o carro da amiga de tanto sapatear, estava totalmente mais apaixonada por Jesus, aquelas palavras me trouxeram um renovo na alma. Ao chegar em casa o Espírito Santo me disse para ligar para o pastor e entregar o ministério. Naquele dia eu tomei a decisão de obedecer a Deus, me doía muito pois eu tinha um vínculo muito grande com os pastores, mas sabia que era a coisa certa a fazer.

Liguei e pedi ao pastor que me abençoasse para deixar o ministério de evangelismo e da porta. O ministério da porta era minha vida, três anos e nunca fiquei um dia sem ir, sem estar naquele lugar. O pastor disse que estava tudo bem e que me abençoava para deixar o encargo. Confesso que aquela resposta me doeu muito, pois sempre fiz tudo com excelência e agora estava saindo sem sequer ser questionada sobre o motivo, ou ser chamada para uma conversa. Ele não disse nada, só me disse que Deus sabia de todas as coisas. Sei que estava obedecendo, mas não esperava aquela resposta.

Quando foi no domingo fui para o culto e chegando lá como me doeu não estar na portaria da igreja como de costume. O pior de tudo é que as mesmas pessoas que me bajulavam quando eu estava lá viraram a cara para mim. Não sei se acharam que eu estava em pecado ou se simplesmente me ignoraram por eu não ser mais parte da liderança, o fato é que aquilo tudo era uma tremenda hipocrisia.

Mas apesar disso Deus falou comigo naquele dia e me lembro exatamente das palavras da canção que Ele usou para falar comigo:

"Ó, como pode ainda adorar?
Se não tem motivos pra cantar
Abandona esse Deus e morre

Mas não o adoro pelo que ele faz
Nem menos por bens materiais
Eu o adoro pelo que ele é
Eu sou dele, tudo é dele

Jó, você não tem motivos
Perdeu os seus bens, seus filhos, seus amigos
O que você vai fazer?

Eu vou adorar
Simplesmente adorar
Eu vou adorar

Deus me deu, Deus tomou
Bendito seja o nome do senhor
A ele a glória, a ele a honra
E o louvor"

Midian Lima

"Senhor, eu não estou pronta, mas envia-me a mim. Eis-me aqui".

Deus falou que Ele mesmo havia me dado meu ministério, que não era pertencente a homem algum e que eu havia nascido para ganhar almas e isso era Ele que faria em minha vida. Chorei tanto e disse: *" Senhor, eu não estou pronta, mas envia-me a mim. Eis-me aqui "*. Entreguei minha vida ao Senhor.

Aquele dia o culto era da Santa Ceia e na hora que eu ia me levantar o Espírito Santo me disse como uma ordem: "Fica sentada!" Eu achei aquilo estranho, pois não havia nada de errado com minha vida, mas quando cheguei em casa ouvi claramente a voz do Espírito me dizendo: *"Eu só queria testar sua obediência e ver se você ouve a minha voz e saber se você preocupa mais com a opinião dos homens ou a minha".*

Eu sabia que não era só por aquilo, mas pensei que na hora certa Deus se revelaria. Foi uma semana de muita dor e renúncia. Quando foi o domingo seguinte a minha amiga (de quem vou preservar a identidade) chegou cedo em minha casa e disse que sairía da igreja. Eu a aconselhei a esperar um pouco mais, mas ela estava certa de sua decisão. No fundo eu sabia que aquilo ia me causar problemas, pois eu não deixaria de ser sua amiga por esse motivo.

LIDANDO COM A REJEIÇÃO

Foi exatamente como eu pensei, assim que souberam da saída dela ficaram cada vez mais indiferentes com relação a mim. Como abandonar uma amiga só porque ela foi para outra igreja? Agir assim é ir ao contrário do que Deus ensina em sua Palavra, era deixar de manifestar os frutos do Espírito:

> *"Mas o fruto do Espírito é: amor, gozo, paz, longanimidade, benignidade, bondade, fé, mansidão, temperança. Contra estas coisas não há le.i"*
>
> **Gálatas 5:22,23**

Não muitos dias depois uma pessoa foi em minha casa e me disse que as pessoas estavam comentando que eu estava falando mal da igreja e da liderança e que isso incentivou a minha amiga a sair da igreja. Me aconselhou ainda a afastar-me dela pois as pessoas me amavam e estavam preocupadas. Eu respondi que jamais havia feito isso e que inclusive a aconselhei a rever sua decisão.

Quando essa irmã foi embora eu liguei para o pastor explicando que aquilo nunca havia acontecido, que caso ele ouvisse algo daquela natureza tinha toda liberdade em me perguntar sobre a veracidade da informação. No entanto, assim que desliguei o telefone fiquei aflita, não devia ter ligado, embora tenha sido educada agi por impulso, agi na carne e tudo que se faz na carne não rende bons frutos.

Cada dia que passava as pessoas passaram a me tratar pior, era como se sobre mim já houvesse uma sentença negativa, mas ainda assim eu permanecia. No entanto, notei um fato curioso, aquela irmã que estivera a pouco tempo em minha casa agora passou a ser mais frequente, sempre com uma fofoca nova, informações sobre mim que eu não sabia de onde vinham.

UM ABISMO GERA OUTRO ABISMO

Um dia, após uma dessas visitas inconvenientes, o Espírito Santo me alertou sobre aquela situação. Ela realmente teve uma atitude muito fora dos princípios bíblicos. Mas mais tarde ela me ligou tentando se explicar. Mas eu fui muito incisiva em minha resposta dizendo que não queria mais aquele tipo de conversa. Aquele foi um tempo em que esse tipo de conversa era frequente e eu em minha imaturidade me deixava enredar e acabava com minhas palavras distorcidas.

Passei a notar que aquela situação não me edificava e não produzia frutos bons em mim. Comecei a perceber que aquelas conversas faziam parte de um "leva e traz" demoníaco e que aquela irmã estava agindo com falsidade para galgar posições no ministério, ela mesmo me confessava que elogiava os pastores, especialmente a pastora para estar "bem na fita".

Todas essas fofocas estavam se saturando, até que após um culto de quinta-feira eu pedi ao pastor para sair da igreja e ele prontamente concordou. Lamento que por causa do homem muitos abandonem a Deus, mas o encorajo a manter os seus olhos no verdadeiro autor e consumador da sua fé: Jesus.

> *"Olhando para Jesus, autor e consumador da fé, o qual, pelo gozo que lhe estava proposto, suportou a cruz, desprezando a afronta, e assentou-se à destra do trono de Deus."*
>
> *Hebreus 12:2*

Deserto Lugar de cura e restauração

CAPÍTULO 06

E tudo se fez novo

Deserto. Lugar de cura e restauração

Após aquela conversa, desliguei o telefone e senti uma paz de espírito tão grande, como não me lembro de haver sentido antes. Engraçado que eu pensei que quando essa hora chegasse eu iria desabar, pois foram anos a fio completamente dedicada a aquele ministério, mas eu estava sendo obediente. Me lembro que quando entrei para aquela igreja, a primeira frase da pastora, foi: *"Regi, não sei se você vai ficar aqui para sempre ou não".*

Essas palavras sempre me acompanharam e naquele dia eu entendi que fazia parte de um ciclo. No entanto, Deus me disse que se eu tivesse obedecido antes, eu teria evitado muitos problemas. Ele me disse que havia tirado minha amiga de lá para me encorajar, mesmo assim eu não havia saído.

Ele começa a usar as pessoas e situações para nos mover do lugar em que estamos, isso se chama tirar da zona de conforto

Caro leitor, gostaria que você entendesse que quando Deus nos pede algo e não obedecemos, Ele começa a usar as pessoas e situações para nos mover do lugar em que estamos, isso se chama tirar da zona de conforto. Deus permite certas situações para nos expulsar para o nosso destino, nosso propósito.

Deus veio com uma voz tão suave e me disse: *"Seja forte e corajosa porque agora que as fofocas, o julgamento, as condenações vão começar, mas eu nunca te abandonarei."* Eu me senti uma filha cuidada e protegida pelos braços fortes de seu pai. Aqueles dias que se seguiram foram realmente difíceis, pois eu não estava acostumada a ser julgada da forma que eu fui. O que eu mais ouvia era que eu saí por estar em pecado.

LIDANDO COM O JULGAMENTO

Hoje eu entendo que é um processo e que muitas pessoas vão continuar nos julgando. Veja o que disse o irmão de Davi ao vê-lo disposto a enfrentar o gigante Golias:

> *"E, ouvindo Eliabe, seu irmão mais velho, falar àqueles homens, acendeu-se a ira de Eliabe contra Davi, e disse: Por que desceste aqui? Com quem deixaste aquelas poucas ovelhas no deserto? Bem conheço a tua presunção, e a maldade do teu coração, que desceste para ver a peleja."*
>
> *1 Samuel 17:28*

Nós só oferecemos daquilo que estamos cheios.

A realidade é que Eliabe estava falando de si mesmo, ele via seu reflexo em Davi. Então, quando alguém fala mal de você, ele está falando sobre si mesmo. Nós só oferecemos daquilo que estamos cheios. As pessoas têm a tendência de jogar seus lixos tóxicos em nós e achar que ainda devemos obrigação. Mas cabe a nós aceitar ou não. Não é fácil passar por isso, mas quando estamos com Jesus, nós nos tornamos fortes, vitoriosos cm Cristo.

Uma semana após o ocorrido, eu fui visitar a igreja que o Senhor falou comigo e a primeira palavra que ouvi quando cheguei lá foi:

"Antes que te formasse no ventre te conheci, e antes que saísses da madre, te santifiquei; às nações te dei por profeta."

Jeremias 1:5

Hoje eu sei onde eu não quero mais estar e sei também onde eu quero estar. Estou nessa igreja há quase dois anos e sei que grandes coisas Deus têm para mim naquele lugar. Eu não defendo placa de igreja, seja ela qual for, eu defendo Jesus Cristo. Nesse lugar as escamas dos meus olhos caíram, tirei o cisco dos meus olhos antes de ver a trave dos olhos do irmão, aprendi a me enxergar como filha, que erra, cai, mas sabe que com Jesus eu posso levantar e recomeçar todos os dias. Sei que sou parte importante deste corpo de Cristo na Terra, amo muito meus irmãos e quero poder ajudá-los. Pois os vejo como família da fé.

DISCERNINDO O TEMPO

...mas chegou o tempo em que precisei encontrar meu lugar e meu ministério.

Não vejo que os irmãos do outro ministério estivessem errados, eu apenas era "o guaraná na garrafa de soda limonada", estava no lugar errado, hoje vejo que cada um tem um chamado específico na terra e o tempo que tive a oportunidade para estar com os irmãos foi muito importante para meu crescimento, principalmente os desertos, mas chegou o tempo em que precisei encontrar meu lugar e meu ministério.

Alguns nascem, crescem e morrem no mesmo ministério, esse não foi meu caso. Lembro e oro por meus irmãos do antigo ministério constantemente e sou grata por tudo que aprendi lá, mas chegou o tempo de ser movida, Deus me estabeleceu para um novo tempo.

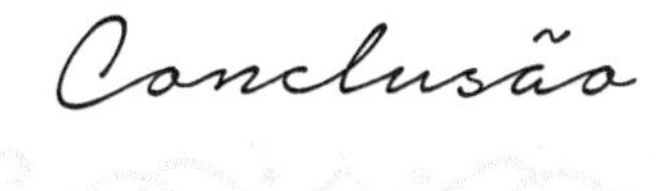

Conclusão

Antes de encerrar esse livro gostaria de trazer umas breves palavras sobre aquilo que Deus tem me ensinado e ministrado e gostaria de pedir que seu coração esteja aberto e receptivo para essa autoavaliação.

É mais fácil converter um coração incrédulo do que um coração hipócrita. A hipocrisia tem nos cegado e tirado da presença de Deus. No nosso achismo, não tem como o Espírito Santo trabalhar em nós. Quando estamos cheios de nós mesmos não deixamos espaço para mais nada. O Espírito Santo trabalha apenas naqueles que se esvaziam, que diminuem para que Ele cresça, esses são os verdadeiros adoradores.

"Mas a hora vem, e agora é, em que os verdadeiros adoradores adorarão o Pai em espírito e em verdade; porque o Pai procura a tais que assim o adorem. Deus é Espírito, e importa que os que o adoram o adorem em espírito e em verdade."

João 4:23-24

Sabemos que essa passagem das Escrituras refere a conversa entre Jesus e a samaritana, aquela mulher conhecia os ritos e lugares de adoração, mas não conhecia o Deus que lhe falava. Assim somos nós muitas vezes, conhecemos a doutrina, mas não a pessoa de Jesus Cristo. No entanto, não importa o que fizemos, os nossos pecados, Ele nos chama todos os dias para uma vida nova ao seu lado.

Jesus é o único caminho que nos leva a Deus "Jesus é o caminho, a verdade e a vida. Ninguém vai ao pai a não ser por ele" (Vide João 6:14). Que amor é esse com que nos amou entregando seu próprio filho em nosso lugar? (Vide João 3:16). Temos a promessa de vida eterna, a promessa de habitar na Nova Jerusalém e isso é algo maravilhoso!

Aceitar Jesus não nos isenta de passarmos por aflições. "Neste mundo tereis aflições, mas tende bom ânimo, eu venci o mundo", (João 16:33). Jesus já venceu por mim e por você, ele sabe das nossas dores, dos nossos medos, anseios, dos nossos sonhos. Ele sabe de tudo e está atento para responder tudo aquilo que pedimos em seu nome (Vide João 14:14). Basta-nos esperar e confiar, se submeter ao seu fogo purificador para que aquilo que Deus planejou para ser uma benção não se torne uma maldição em nossas vidas.

A maturidade em Cristo deve ser o alvo de todo cristão. Precisamos nos permitir amadurecer em Deus para que nossas decisões sejam acertadas. Davi foi um rei abençoado por Deus, mas por causa de um erro, teve a espada pairando sobre sua casa por toda a sua vida. Ele adulterou e nisso um abismo foi levando a outro abismo e sua família pagou um alto preço por seus pecados.

Eu já tomei muitos caminhos em desacordo com a vontade de Deus, mas Ele, por sua fidelidade, foi me mostrando os caminhos e corrigindo a rota. Hoje, peço ao Senhor que me faz descer a casa do oleiro todos os dias para fazer de mim um vaso novo, para que eu possa conter sua preciosidade e exalar seu doce perfume para aqueles que não conhecem a Jesus;

Estamos aqui para ser sal e luz, há tantas pessoas precisando de um abraço, uma palavra de vida eterna, perecendo por falta de conhecimento, mas nós podemos dar-lhes tudo isso. Nosso problema é que não estamos dispostos, e conforme nos mostra a Palavra: "Toda árvore que não dá frutos será cortada".

"Não pode a árvore boa dar maus frutos;
nem a árvore má dar frutos bons."

Mateus 7:18

Toda árvore que é impedida de frutificar, Deus arranca e planta em outro lugar. Deus me arrancou daquele lugar, mas sei também que Ele permitiu eu estar ali. Foi lá que eu conheci verdadeiramente a Jesus e isso me faz eternamente grata, louvo a Deus pelos pastores que me ensinaram a buscar esse Jesus. Embora lhes tenha faltado o entendimento de que eu precisava de alimento mais sólido, um outro nível de relacionamento com Deus.

Estamos aqui nesse mundo para crescermos juntos e precisamos perceber os tempos e as estações. As vezes precisaremos dar um passo para trás para avançar, é o passo atrás que nos dará o impulso para nos lançar ao nosso futuro. Deus me pediu para eu voltar às minhas raízes, a começar pelos de casa, minha família, meu primeiro ministério. O amor começa com os de casa.

Essa foi a maneira de Deus me conduzir para onde eu havia começado. O melhor lugar para se estar é o lugar da obediência, é na obediência que experimentamos a boa, agradável e perfeita vontade de Deus para nós. Esse é um lugar de benção e provisão, onde podemos não ter tudo, mas sempre o suficiente.

Na esfera dos relacionamentos, eu estou sozinha há quase dois anos, sendo curada de muitas feridas, restaurando a minha essência, que é ser semelhante a Cristo. Eu peço a Deus um Boaz na minha vida, mas primeiro eu tenho que aprender a ser Rute, e ser uma Rute não é fácil. Rute era uma mulher obediente e submissa, uma mulher semelhante àquela descrita em Provérbios 31.

Os desertos que enfrentei me fizeram ficar mais forte, mais determinada a seguir o meu Jesus. Hoje o que me faz chorar não é a falta de coisas, mas a saudade de Jesus e de sua presença, já não tenho medo do inferno, mas medo de ficar sem Ele, de deixar a vida que Ele planejou para mim e viver por meus achismos e conceitos errôneos.

*"Já estou crucificado com Cristo; e vivo,
não mais eu, mas Cristo vive em mim; e a vida
que agora vivo na carne, vivo-a pela fé do Filho de
Deus, o qual me amou, e se entregou a si mesmo
por mim."*

Gálatas 2:20

Agradeço a Deus pela tua misericórdia, por haver me escolhido e por guardar em si mesmo o meu depósito até o último dia, na certeza de que nos encontraremos e todo e qualquer deserto será nada, diante de sua gloriosa presença.

*"Por cuja causa padeço também isto, mas
não me envergonho; porque eu sei em quem tenho
crido, e estou certo de que é poderoso para guardar
o meu depósito até àquele dia."*

2 Timóteo 1:12

Espero que minha história o tenha edificado e encorajado, que você possa perceber o atuar do Senhor em sua própria história e que se entregue cada vez mais a Ele, para que Ele o transforme e faça de seus desertos pessoais fontes de água viva. Mas, antes que você se vá, o convido a orar comigo essa oração que faço especialmente em favor da sua vida:

ORAÇÃO

"Senhor, eu peço que o teu renovo venha sobre essa pessoa que está lendo essa história, que haja cura e transformação em sua vida após seus desertos. Que a fé e a esperança permaneçam em seu coração e que o Senhor abençoe essa pessoa assim como ela está abençoando a mim. Assim faço em o precioso nome de Jesus."

Contatos

Facebook: Pra Regi Cláudia MRezende

Instagram: @regiclaudiamartinsrezende

E-mail: Regicmartinsr3@gmail.com

www.ingramcontent.com/pod-product-compliance
Lightning Source LLC
LaVergne TN
LVHW020911200726

843506LV00011B/1665